A VIDA NO TEMPO

O ENCONTRO ENTRE CULTURAS:
Europeus e indígenas no Brasil

Maria Cristina Mineiro Scatamacchia

15ª EDIÇÃO

Coordenadoras:
Marly Rodrigues
Maria Helena Simões Paes

Mapas: Sônia Vaz
Ilustrações: Paulo Manzi

Atual Editora

Biografia

Sou arqueóloga e trabalho no Museu de Arqueologia e Etnologia da USP, onde dou aulas em cursos de pós-graduação e extensão universitária. Sou formada em História pela Universidade de São Paulo, onde fiz também mestrado em Antropologia Social e doutorado em Arqueologia. Para obter esses títulos, fiz pesquisas sobre arqueologia dos grupos tupis-guaranis — indígenas que habitavam o litoral quando chegaram os europeus. Tenho trabalhado com etno-história, isto é, estudo documentos escritos pelos colonizadores no século XVI para conhecer o passado dos povos indígenas. Escrevi alguns artigos sobre esse assunto em revistas nacionais e estrangeiras. Além disso, sou coordenadora de um grande projeto arqueológico no litoral sul de São Paulo, no município de Iguape. Nessa região já escavei dois sítios, nos quais estavam registradas evidências deste momento de contato entre portugueses e índios. Outros sítios referentes às ocupações europeias deste período estão sendo estudados. Também sou presidente da Comissão de História do Instituto Panamericano de Geografia e História — OEA e membro do Instituto Histórico e Geográfico de São Paulo.

SUMÁRIO

Introdução ---------------------------------- 4
    No litoral: uma linha de contatos -------- 4

1. As novas terras e o encontro entre culturas ------ 6
    As primeiras impressões ------------------ 10
    Descobrindo o passado dos índios -------- 12
    Mas como saber em que época viveram? ---------------------- 14

2. Os habitantes da costa brasileira no século XVI ------------------------------ 15
    Quem eram os habitantes do litoral brasileiro ------------------------ 15
    Como viviam os indígenas? --------------- 17
    Do que viviam os índios? ------------------ 21
    Alguns hábitos e práticas dos índios ------------------------ 22
    Como os índios se movimentavam dentro do seu território? 25

3. Os portugueses e o primeiro contato com o Brasil -------------------------------- 27
    O pau e o Brasil ---------------------------- 28
    O escambo ---------------------------------- 31
    Adeus, parceiro; vem cá, escravo ---------------------------- 33

4. A colonização e a conquista do espaço -------------- 34
    Repartir e dominar ------------------------ 36
    A França Antártica ------------------------ 37
    A destruição cultural ---------------------- 37

5. A questão do outro: o etnocentrismo e a destruição da população indígena ------------------ 38
    Um choque entre culturas ---------------- 39
    As resistências ---------------------------- 40

Apêndice
Cronologia -------------------------------------- 41

Para saber mais ------------------------------ 42

Bibliografia ------------------------------------ 43

INTRODUÇÃO

Desde o século XV, os navegadores portugueses desenvolviam um intenso comércio com o Oriente, principalmente com as Índias. A rota utilizada para atingir o oceano Índico contornava a África e apresentava uma série de dificuldades para os navegadores, que pensavam em descobrir um caminho mais fácil.

A procura de uma via ocidental — atravessando o oceano Atlântico — para atingir o Oriente resultou no encontro de terras desconhecidas.

Os primeiros que, oficialmente, encontraram o novo continente foram os navegadores espanhóis comandados por Cristóvão Colombo. Como eles pensavam ter atingido as Índias, assim que avistaram as primeiras terras, chamaram seus habitantes de índios. Mesmo depois de se saber que os espanhóis não tinham chegado às Índias, esse nome continuou sendo utilizado para, de modo geral, indicar os primitivos habitantes do novo continente. Por isso será empregado também nesta obra.

Com a chegada à América, em 1492, e logo depois ao Brasil, em 1500, os povos europeus entraram em contato com terras que não conheciam e com povos de costumes muito diferentes daqueles a que estavam habituados.

O conjunto de características próprias do modo de ser e de se comportar de um grupo constitui o que chamamos de *cultura*, sendo produto do aprendizado de ideias transmitidas através das gerações em cada sociedade. E foi o encontro de homens com culturas diferentes que provocou a série de acontecimentos que vamos considerar aqui.

O fato de não estarmos empregando o termo *descobrimento* é propositado, pois, na verdade, as terras americanas já tinham sido descobertas pelos primeiros homens que aqui chegaram e que ocupavam todo o continente quando os navios europeus atracaram.

Quando saíram ao mar em busca de terras para conquistar, os portugueses achavam que podiam tornar-se donos de qualquer lugar que encontrassem, sem levar em conta se eram povoados por outros homens, que, por direito, seriam seus verdadeiros proprietários.

No litoral: uma linha de contatos

Os grupos indígenas que habitavam a costa do Brasil na época em que os portugueses chegaram tinham um modo de vida diferente em tudo do que os europeus conheciam. Possuíam uma cultura relativamente homogênea e falavam uma língua denominada tupi-guarani. Os grupos que habitavam o interior tiveram pouco contato com os portugueses e com outros europeus que visitaram a costa brasileira.

Assim, quando falamos em encontro de culturas no Brasil, estamos nos referindo principalmente aos portugueses, que passaram a se considerar os donos da terra, e aos grupos de filiação linguística tupi-guarani, que tinham várias denominações locais e ocupavam toda a costa no início do século XVI.

O primeiro contato entre os dois povos foi amigável. Primeiro, porque os portugueses precisavam da ajuda dos índios para conhecer e explorar o novo território. Segundo, porque os portugueses ainda não tinham planos para a nova terra, não precisando naquele momento lutar para tomá-la dos seus moradores. Mas, com o passar do tempo, essa situação foi mudando.

A ameaça representada pela presença de franceses e de outros navegadores que visitavam constantemente o litoral brasileiro levou os portugueses a quererem povoar e defender a terra que julgavam deles. A disposição de usar os índios como mão de obra para os trabalhos pesados e o interesse dos padres em convertê-los à religião católica tornaram a relação entre os dois povos uma disputa constante, levando à destruição da cultura indígena.

O objetivo deste livro é contar um pouco desse encontro que se deu no Brasil entre europeus e índios no século XVI e apresentar alguns documentos que ajudam a mostrar a diferença entre as duas culturas.

Muitas coisas a respeito dessa grande aventura que foi a travessia do oceano Atlântico e o conhecimento de novas terras e seus habitantes não serão assunto desta obra. Mas esperamos que ela desperte a sua curiosidade, incentivando-o a conhecer mais sobre o assunto, e chame sua atenção para a necessidade de respeitar as diferenças existentes ainda hoje entre os povos.

Gravura de Theodore de Bry, feita em 1592, mostrando navios portugueses no litoral brasileiro.

1. AS NOVAS TERRAS E O ENCONTRO ENTRE CULTURAS

> **"As diferenças observadas entre os europeus e os índios na maneira de se vestir e de se enfeitar refletem diferentes modos de vida, de sentir e de ser."**

As grandes viagens marítimas realizadas pelos navegadores europeus foram organizadas principalmente pelos reis da Espanha e de Portugal. Elas tinham como objetivo encontrar um caminho mais fácil para chegar às Índias e a suas riquezas. Dessas aventuras resultaram a descoberta de novas terras, o que provocou o encontro de povos com culturas completamente diferentes, e mudanças no conhecimento que se tinha do mundo.

Vários mapas da Antiguidade registravam a existência de outras terras, além da Europa. E, já em 1400, no relato das viagens do italiano Marco Polo, a Ásia é descrita como um grande continente, cheio de riquezas e reinos poderosos.

Mas pouco se sabia a respeito da existência de terras localizadas para além do oceano que hoje conhecemos como Atlântico. Achava-se que, navegando sempre para oeste, se chegaria às Índias.

O que aconteceu foi que, seguindo a rota na direção oeste, os navegadores europeus encontraram terras das quais desconheciam a existência e que estavam povoadas por homens muito diferentes.

Desse modo, a chegada de Cristóvão Colombo, em 1492, ao continente que mais tarde foi chamado de América causou uma grande sensação e mudou a visão que se tinha do mundo.

Poucos anos depois, em 1500, chegaram ao Brasil os navios comandados por Pedro Álvares Cabral. Os portugueses desembarcaram na região que foi denominada Porto Seguro, no atual Estado da Bahia, e que ainda tem esse nome. Ali, tiveram o primeiro contato com os indígenas, habitantes do lugar.

Os portugueses tinham costumes diferentes dos grupos que viviam na terra recém-conhecida, fato constatado, desde o primeiro contato, pela própria maneira de se vestir de uns e outros.

Hans Staden, um aventureiro alemão, ficou preso durante um ano entre os índios, em 1554. Depois de solto, escreveu sobre o tempo em que esteve aqui no Brasil, tendo deixado várias ilustrações, realizadas por um desenhista europeu sob sua orientação. Isso pode explicar o fato de as mulheres índias aparecerem com traços fisionômicos das mulheres europeias.

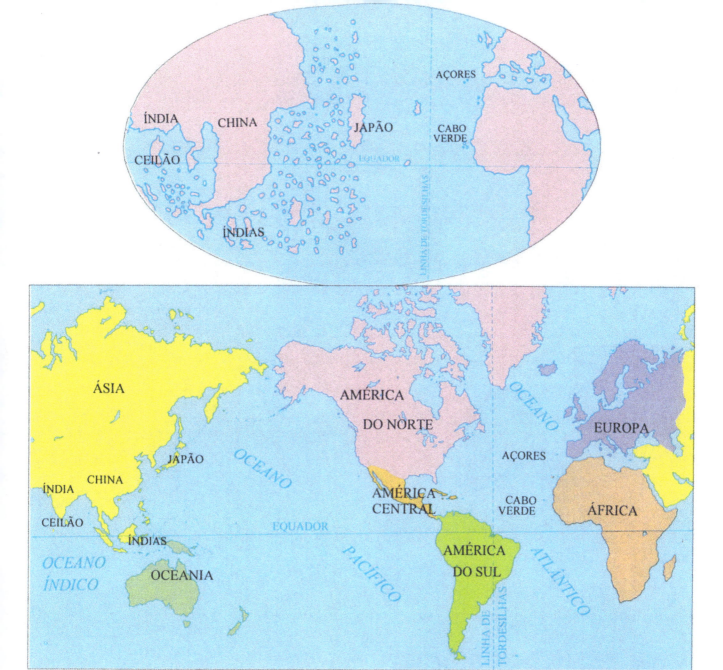

Compare o mapa do mundo como era imaginado no século XV com o mapa do mundo conhecido atualmente, no qual aparece o continente americano entre os continentes africano e europeu, além do continente asiático.

Na sua obra é feita a seguinte descrição:

São gente bonita de corpo e estatura, homens e mulheres igualmente, como as pessoas daqui; apenas, são queimadas do sol, pois andam todos nus, moços e velhos, e nada absolutamente trazem sobre as partes pudendas. Mas se desfiguram com pinturas. Não têm barba, pois arrancam os pelos, com as raízes, tão pronto lhes nascem. Através do lábio inferior, das bochechas e orelhas, fazem furos e aí penduram pedras. É o seu ornato. Além disso, ataviam-se com penas.

As diferenças observadas entre os europeus e os índios na maneira de se vestir e de se enfeitar refletem diferentes modos de vida, de sentir e de ser.

Podemos imaginar o susto e a curiosidade que índios e europeus tiveram neste primeiro encontro. Os navios de Cabral percorreram uma boa parte da costa brasileira, como é possível verificar pela observação do mapa da página 9.

Réplicas recentes dos três navios usados por Cristóvão Colombo na viagem de descoberta da América. Em barcos semelhantes, os primeiros colonizadores europeus chegaram ao Brasil.

Gravura mostrando dois chefes tupinambás.

Nobre europeu com roupas usadas no século XVI.

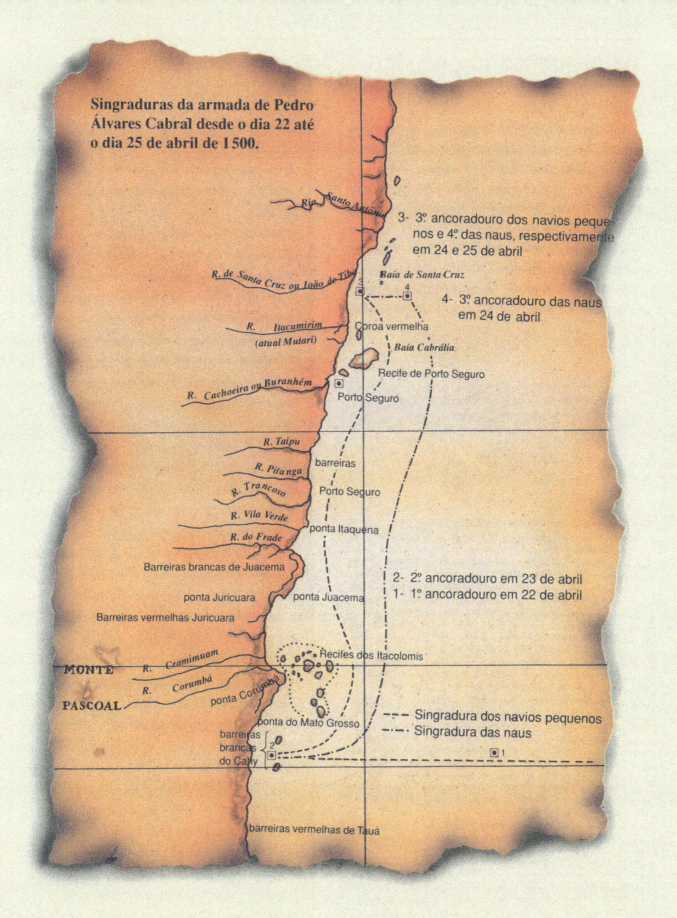

Mapa do percurso feito por Cabral.

As primeiras impressões

As impressões sobre as viagens, as novas terras e os diferentes povos foram registradas em diversos tipos de documentos: cartas de viajantes, diários de navegação, crônicas oficiais, crônicas das invasões e crônicas religiosas. Esse conjunto de dados constitui o que denominamos *documentação textual*.

A carta que Pero Vaz de Caminha, escrivão da esquadra de Pedro Álvares Cabral, escreveu para o rei de Portugal, D. Manuel, falando a respeito da terra e da gente encontrada, é o primeiro documento sobre o Brasil.

Fac-símile da primeira folha da carta de Pero Vaz de Caminha.

Transcrição da primeira folha da carta de Pero Vaz de Caminha

Snõr

posto queo capitam moor desta vossa frota e asy os outros capitaães screpuam avossa alteza anoua do acha
mento desta vossa terra noua que se ora neesta naue gaçam achou. nom leixarey tam bem de dar disso minha comta avossa alteza asy como eu milhor poder ajmda que perao bem contar e falar o saiba pior que todos fazer. / pero tome vossa alteza minha jnoramçia por boa vomtade. aqual bem çerto crea q̃ por afremosentar nem afear aja aquy de poer mais caaquilo que vy e me pareçeo. / da marinha jem e simgraduras do caminho nõ darey aquy cõta a vossa alteza por queo nom saberey fazer e os pilotos deuem teer ese cuidado e por tanto Snõr do que ey de falar começo e diguo. /
que apartida de belem como vosa alteza sabe foy seg^a feira ix demarço. e sabado xiij do dito mes amtre as biij e ix oras nos achamos amtre as canareas mais perto da gram canarea e aly amdamos todo aquele dia em calma avista delas obra de tres ou quatro legoas. e domingo xxij do dito mes aas x oras pouco mais ou menos ouuemos vista dasjlhas do cabo verde. s. dajlha de sã njcolaao seg.º dito de p̃º escolar piloto. e anoute segujmte aaseg^{da} feira lhe amanheceo se perdeo da frota vaasco datayde com a sua naao sem hy auer tempo forte nẽ contrairo pera poder seer. fez ocapitam suas deligenças perao achar ahũas e a outras partes e nom pareçeo majs Easy segujmos nosso caminho per este mar delomgo ataa terça feira doitauas de pascoa que foram xxj dias dabril que topamos algũus synaaes de tera seemdo da dita jlha seg° os pilotos deziam obra de bj^e lx ou lxx legoas. os quaaes herã mujta camtidade deruas compridas aque os mareantes chamã botelho e asy outras aque tam bem chamã rrabo dasno. / E aaquarta feira segujmte pola ma

Examinando a cópia da primeira folha da carta de Caminha, podemos perceber a dificuldade de ler e entender um texto escrito há tanto tempo. Dificuldade de entender o tipo de letra e também de compreender o sentido de certas palavras. Existem especialistas na leitura desses documentos antigos, que se chamam *paleógrafos*. Os documentos antigos, dos quais vamos apresentar aqui alguns trechos, foram lidos por esses especialistas e, depois, transcritos, para que pudessem ser compreendidos.

Logo na segunda folha da carta de Pero Vaz de Caminha, aparecem comentários sobre os habitantes da terra avistada:

Seguem outras informações relativas ao modo como viviam e se alimentavam que pôde ser observado nesse primeiro contato.

Essa carta e outros relatos posteriores mostram um quadro da nova terra e dos habitantes segundo a visão dos europeus. Como os indígenas que viviam na costa brasileira não tinham desenvolvido o uso da escrita, não existem relatos escritos registrando a impressão que eles tiveram dos povos recém-chegados.

Padrão de Porto Seguro, mostrando em uma face as armas de Portugal e na outra a cruz de Cristo.

No dia seguinte, quinta-feira pela manhã, fizemos vela e seguimos direitos à terra, mantendo os navios pequenos adiante, por dezessete, dezesseis, quinze, quatorze, treze, doze, dez e nove braças, até meia légua da terra onde todos nós lançamos âncoras defronte à boca de um rio. A ancoragem se completou mais ou menos às dez horas.

Dali avistamos homens que andavam pela praia, uns sete ou oito, segundo disseram os navios pequenos que chegaram primeiro.

Então lançamos fora os batéis e esquifes. Logo vieram todos os capitães das naus à nau-capitânia, onde falaram entre si. O capitão-mor mandou que Nicolau Coelho desembarcasse em terra com um batel e fosse inspecionar aquele rio. E logo que ele começou a dirigir-se para lá, acudiram pela praia homens em grupos de dois, três, de maneira que, ao chegar o batel à boca do rio, já ali estavam dezoito ou vinte homens. Eram pardos, todos nus, sem coisa alguma que lhes cobrisse as suas vergonhas. Traziam nas mãos arcos e setas. Vinham todos rijamente em direção ao batel. Nicolau Coelho lhes fez sinal que pousassem os arcos. E eles assim fizeram.

Além de relatos, os portugueses deixaram também testemunhos materiais de sua presença. Construíram marcos de pedra, nos quais desenharam os símbolos da coroa de Portugal, e os colocaram em vários pontos, como indicação de propriedade. Essas marcas são chamadas *padrões*. Alguns foram preservados e podem ser observados ainda hoje.

Descobrindo o passado dos índios

Muito do conhecimento sobre os índios e o momento do contato entre os dois povos pode também ser obtido por meio da análise dos restos materiais que permaneceram como testemunho das atividades desenvolvidas naquela época.

Quase todas as ações que os homens realizam envolvem algum tipo de instrumento ou utensílio. Depois da realização de qualquer atividade, sempre ficam as marcas do que foi feito, permanecem materiais e objetos no ambiente em que ela aconteceu.

O conjunto dessas marcas e objetos chama-se *cultura material* e constitui um registro tão importante quanto a documentação escrita. Inclusive, testemunha um período maior da história da humanidade do que aquele enfocado pela escrita.

Com o tempo, as marcas no terreno e os objetos deixados pelos diferentes povos ficam enterrados. Para que possamos estudá-los é preciso, empregando métodos científicos, achar, reconhecer e retirar da terra essas informações. Entretanto, o *arqueólogo*,

Argolões de bronze chumbados na pedra para auxiliar na amarração das embarcações, colocados provavelmente a mando de Martim Afonso de Sousa, em 1530, em Cananeia, no litoral sul de São Paulo.

Vestígios deixados no local de antigas cabanas indígenas, em que podem ser vistos fragmentos de cerâmica, restos de carvão e um buraco, que provavelmente serviu para apoiar uma estaca de madeira, empregada para cozinhar sobre fogueira. O metro colocado na foto serve para o arqueólogo ter noção da proporção dos objetos e das distâncias. A seta amarela aponta a direção norte. (Sítio Mineração, Iguape, SP.)

pesquisador do passado, não pode resgatar todo o produto material resultante de atividades remotas, pois os materiais de origem orgânica, como madeira, palha e tecido, não resistem à umidade e apodrecem. Ele consegue chegar apenas a um registro parcial das antigas atividades. Mesmo assim, pelo estudo detalhado desses vestígios, pode entender e reconstituir a ação passada na sua quase totalidade.

O local onde se descobre haver registro de uma antiga ocupação ou atividade humana é denominado *sítio arqueológico*. O primeiro passo no trabalho do arqueólogo é limpar e delimitar todo o terreno em que os vestígios aparecem. Toda a área é marcada para que os objetos e outros vestígios sejam desenhados na exata posição em que foram encontrados durante a escavação.

O arqueólogo utiliza no seu trabalho informações desenvolvidas em outras áreas de conhecimento, como, por exemplo, geologia, física, etnologia e etno-história.

O objetivo da arqueologia é o mesmo da antropologia e da história, isto é, consiste no estudo do homem e de suas ações em um determinado período; apenas o seu objeto de estudo é diferente. A arqueologia lida com restos da cultura material, que, na maioria das vezes, têm que ser escavados no subsolo. Por isso, o arqueólogo necessita dos conhecimentos proporcionados pelas ciências da terra, como geologia e geografia, para entender como os registros culturais foram depositados no solo e o ambiente natural em que viviam os antigos moradores.

Mas como saber em que época viveram?

Existem exames de laboratório de grande utilidade para se conhecer a época de produção dos vestígios culturais. Com isso podemos, também, reconstituir o antigo ambiente, os tipos de vegetais e animais que existiram na região. Os principais métodos para conhecer a antiguidade dos objetos encontrados são: o *carbono 14* e a *termoluminescência*. O C14 serve para datar material de origem orgânica, como, por exemplo, o carvão que sobrou das antigas fogueiras. A termoluminescência tem sido usada principalmente para datar objetos de cerâmica. Existe ainda o método do carbono 13, empregado para datar as antigas coberturas vegetais, fornecer dados para a reconstituição do antigo ambiente (paleoambiente) e para a interpretação do tipo de alimentação utilizado.

O conjunto de informações assim obtidas deve ser comparado com padrões de comportamento humano e hábitos de grupos indígenas atuais, que vivem de modo ainda não integrado ao mundo civilizado. Isso nos permite interpretar qual a provável utilização dos vestígios materiais coletados e a sua relação com um determinado modo de vida.

Assim, a escavação e o registro detalhado de restos de antigas cabanas, alimentos e diversos objetos, juntamente com o estabelecimento de sua relação com o meio ambiente, permitem a reconstituição do modo de vida do grupo que os produziu.

Exemplo de trabalho do arqueólogo, para escavação e registro de materiais deixados pelos indígenas que habitavam a costa paulista no século XVI. (Iguape, SP.)

2.
OS HABITANTES DA COSTA BRASILEIRA NO SÉCULO XVI

As informações de que dispomos sobre os habitantes da costa brasileira em 1500 são provenientes dos relatos escritos por europeus da época, os chamados cronistas, e de vestígios materiais recuperados por arqueólogos.

Somando esses dois tipos de informação, escrita e material, e tendo como referência o modo de vida de grupos indígenas da atualidade podemos fazer uma reconstituição de como estavam organizados os índios na época em que chegaram os europeus.

Os principais fatos comentados nos documentos escritos no século XVI são aqueles que causaram maior impacto aos primeiros observadores. Foram relatados levando em conta seu aspecto curioso, pitoresco. Mas uma análise detalhada dessas fontes de informação mostra que, além dos comentários sobre as diferenças de hábitos, existem descrições de aspectos da vida cotidiana dos índios.

São descritas as casas, o modo de organização, os objetos fabricados e utilizados, a maneira de comer e a forma de conseguir alimentos.

Assim, os vários hábitos e costumes registrados nos relatos permitem entender melhor o modo de vida dos habitantes do Brasil, nessa época.

> "O tipo de sociedade em que estavam organizados esses indígenas é chamado de sistema tribal."

Quem eram os habitantes do litoral brasileiro?

Os vários grupos de índios que entraram em contato com os europeus no século XVI falavam uma língua semelhante. Eles podiam se comunicar entre si ao longo de toda a costa. Os estudiosos de línguas os classificaram como integrantes de um grande conjunto linguístico chamado tupi-guarani. Não formavam uma única sociedade, às vezes os grupos eram rivais uns dos outros. Mas mesmo tendo recebido várias denominações, como tupinambás, tamoios, tupiniquins, carijós e guaranis, possuíam um modo de vida parecido, culturas semelhantes, sendo as diferenças apenas regionais.

Esses grupos indígenas foram descritos pela primeira vez na carta de Pero Vaz de Caminha:

[...] Eram pardos, todos nus, sem coisa alguma que lhes cobrisse as suas vergonhas. Traziam nas mãos arcos e setas [...]

E, mais adiante:

[...] traziam o lábio de baixo furado e metido nele um osso branco e realmente osso, do comprimento de uma mão travessa e da grossura de um fuso de algodão, agudo na ponta como um furador. Metem-nos pela parte de dentro do lábio, e a parte que fica entre o lábio e os dentes é feita à roque-de-xadrez, ali encaixado de maneira a não prejudicar o falar, o comer e o beber.

O adorno descrito por Caminha é denominado *tembetá* e pode ter várias formas. Os conhecidos até agora são de pedra, osso ou resina. Como se tratava de um hábito muito diferente, o uso do tembetá é mencionado em quase todas as narrativas e crônicas referentes aos habitantes da nova terra.

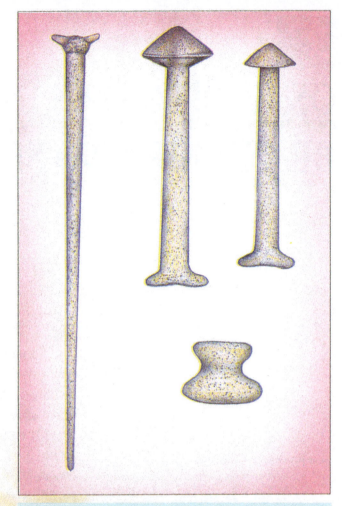

Vários tipos de tembetá. De um lado, podemos ver os diferentes tipos contidos nas ilustrações de Hans Staden e, do outro, tembetás recuperados em escavações arqueológicas.

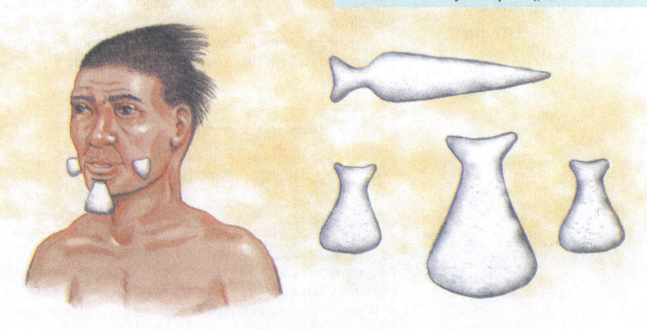

Indígena com tembetá de lábio e de face, segundo ilustração contida na narração de Hans Staden.

Mas é Hans Staden quem fornece informações sobre o significado do uso desse adorno pelos integrantes do grupo do sexo masculino:

No lábio inferior têm um grande orifício e isso desde a infância. Fazem, nos meninos, com um pedaço aguçado de chifre de veado, um pequeno furo através dos lábios. Aí metem uma pedrinha ou pedacinho de madeira e untam-no com seus unguentos. O pequeno buraco permanece então aberto.

Quando os meninos crescem e se tornam capazes de trazer armas, fazem-lhes maior esse buraco. Enfia-se então no mesmo uma grande pedra verde.

O que podemos depreender da citação acima é que o uso desse adorno correspondia a uma maneira de marcar socialmente a entrada do indivíduo homem na adolescência, período da vida comemorado em várias sociedades até hoje. Assim, o tembetá tinha um significado social à primeira vista difícil de perceber.

Como o modo de viver e de se organizar não era parecido com o que os portugueses conheciam, os indígenas foram descritos como seres sem lei e sem rei, e isso sempre com referência aos valores europeus.

Como viviam os indígenas?

O tipo de sociedade em que estavam organizados esses indígenas é chamado pelos antropólogos de *sistema tribal* e representava um modo de vida diferente daquele em que viviam os portugueses do século XVI e também do nosso na atualidade.

O que domina na organização tribal é a relação de parentesco, definida pela cooperação entre membros descendentes de um ancestral comum.

Vista parcial do interior de uma casa tupinambá; ilustração baseada nos relatos de cronistas da época.

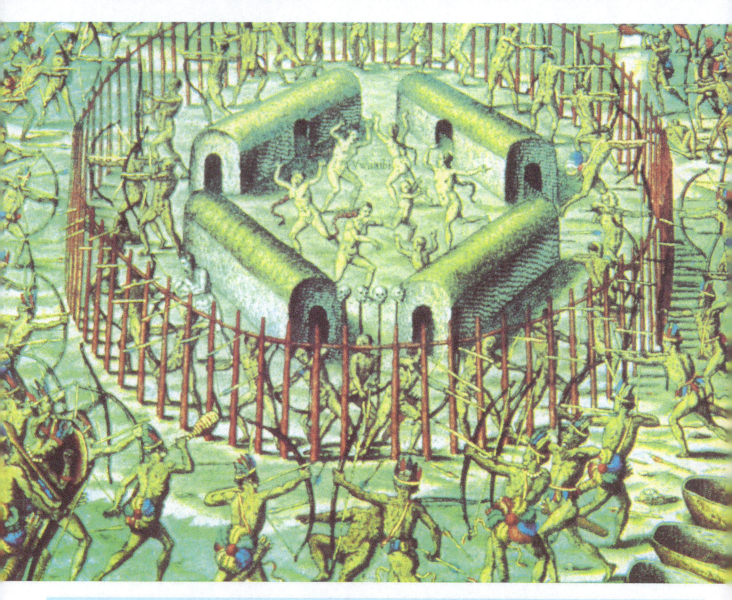

Uma aldeia com cerca, segundo aparece no relato de Hans Staden.

O agrupamento se dava em pequenos povoados, chamados *aldeias*, que se articulavam entre si por laços de parentesco e interesses comuns, formando uma *nação* ou *tribo*.

Moravam em grandes casas, feitas de folhas de palmeira, dormiam em redes e acendiam pequenas fogueiras para se aquecerem. Em cada casa vivia uma família, constituída não apenas de mãe, pai e filhos, como conhecemos, mas de um chefe e todos os seus descendentes.

As casas eram dispostas em torno de um pátio — o local das festas —, formando uma aldeia. Algumas aldeias são descritas como tendo uma cerca de troncos enfileirados à sua volta, como forma de proteção contra os inimigos.

As casas eram construídas de madeira e cobertas com folhas de palmeira e, segundo alguns cronistas, duravam de seis a oito anos. Depois desse tempo, ocorria o deslocamento para uma nova aldeia, às vezes não muito longe da anterior.

Essa mobilidade está de acordo com o tipo de agricultura praticada. Os índios derrubavam uma parte da floresta e colocavam fogo na área que seria plantada. Com o tempo, a terra ia ficando fraca, havendo necessidade de mudança de local, para que o terreno pudesse descansar e recuperar a antiga fertilidade. A vida em equilíbrio com o ambiente era importante para garantir novas coletas e a produção dos alimentos necessários.

Os materiais com que as aldeias eram construídas apodreciam com o tempo, em decorrência da umidade existente nas áreas tropicais.

Os arqueólogos, quando hoje vão escavar o local de uma antiga aldeia, encontram pouco das antigas estruturas. O que resta para estudo são objetos de pedra e de cerâmica e marcas escuras no chão, que correspondem ao lugar das antigas cabanas. Marcas de antigas fogueiras também permanecem até hoje e indicam possíveis locais de reunião e de outras atividades feitas em torno do fogo.

Indígena fazendo fogo, segundo ilustração contida no relato de Hans Staden.

A pesquisa arqueológica requer paciência, preparo e muita atenção. Um local comum e abandonado pode ser um sítio arqueológico, identificado somente por um especialista. A foto acima parece mostrar apenas areia escura. O olhar treinado do arqueólogo identifica aí restos de uma antiga fogueira feita há séculos.
(Icapara, Iguape, litoral sul de São Paulo)

Cada aldeia tinha um chefe principal. Mas não existiam diferenças entre o que as pessoas possuíam ou faziam. Havia apenas uma divisão de tarefas entre homens, mulheres e crianças. Esse tipo de sociedade *igualitária* era diferente da sociedade europeia do século XVI, na qual as pessoas tinham profissões, poderes e riquezas variadas, tal como hoje.

O chefe de cada aldeia indígena não tinha o poder de um rei, como os europeus conheciam. Ele trabalhava como os outros homens do grupo, e seu poder de liderança era exercido durante as reuniões, nos períodos de guerra ou em situações de calamidade.

Os tupis-guaranis viviam em constante guerra com os seus inimigos, que eram todos aqueles que pertenciam a tribos diferentes. O motivo da guerra era a vingança. A guerra tinha a função social de manter obrigações definidas pela relação de parentesco. Fazia-se a guerra para vingar um ascendente que havia sido aprisionado.

Mas o que causou grande espanto foi o costume dos índios de comer seus inimigos, ou seja, a *antropofagia*, que significa ato de comer carne humana. Assim, sem distinção, os índios brasileiros foram tachados de antropófagos.

Os prisioneiros eram comidos em uma festa em que os participantes seguiam as regras estabelecidas pelo grupo. A prática de comer a carne do inimigo estava ligada a princípios simbólicos da vida social e espiritual desses povos. Acreditava-se que, com isso, era possível adquirir as qualidades do adversário morto.

Sobre essa festa em que se praticava o ritual de antropofagia existem descrições detalhadas e ilustrações, contidas em relatos como o de Hans Staden, que foi prisioneiro dos tupinambás por um ano.

Índios assando os pedaços do corpo do prisioneiro, segundo ilustração contida no relato de Hans Staden.

Famoso chefe Kuñambebe, que comandou a Confederação dos Tamoios contra os portugueses, segundo ilustração contida no relato de André Thévet.

Ilustração contida no relato de Hans Staden, na qual índios tupinambás aparecem comendo a carne da cabeça do prisioneiro. Ao lado, Hans Staden rezando.

Do que viviam os índios?

Os índios praticavam o que chamamos de *economia de subsistência*. Esse tipo de economia consiste na exploração e administração dos recursos materiais de um território com o objetivo apenas de satisfazer as necessidades básicas de sobrevivência. Assim, não havia a preocupação de conseguir mais recursos do que aqueles realmente necessários, e cada aldeia era autossuficiente.

Esses grupos humanos viviam da agricultura, da coleta de frutos e plantas silvestres, de mariscos e ostras, além da caça e da pesca.

A mandioca era a base da alimentação em grande parte do litoral. Mais ao sul do Brasil, o milho representava o alimento mais importante.

Os vários utensílios que permitiram a execução das atividades de sobrevivência têm sido encontrados pelos arqueólogos.

As diferenças na realização das tarefas eram determinadas pelo sexo e pela idade. Os homens derrubavam árvores, abrindo clareiras, caçavam e pescavam. Preparavam objetos de pedra e madeira para a realização dessas tarefas. As mulheres plantavam, faziam cerâmica e cuidavam da preparação da mandioca, que era transformada em bebida e em farinha. Esse trabalho com a mandioca ainda hoje é executado no interior do Brasil. Consiste em ralar as raízes de mandioca, espremer a massa para extrair o suco do qual é feita a bebida fermentada. A massa é torrada e transformada em farinha ou bolos.

A bebida feita de mandioca era chamada de *chicha*; a de milho era o *cauim*. Em algumas regiões, colocavam-se frutos, como o caju, para ajudar na fermentação das bebidas. Nas grandes festas que se realizavam, tomava-se muita bebida.

Índios tupinambás com arco e flecha.

Alguns hábitos e práticas dos índios

Os índios faziam grandes vasilhas de cerâmica para o preparo das bebidas. Muitas vezes enterravam seus mortos dentro desses grandes vasos, que, reutilizados, eram transformados em urnas funerárias. Eles têm sido encontrados com frequência pelos arqueólogos.

Ilustrações de cronistas mostram os índios sendo enterrados também em redes. Essas diferentes maneiras de sepultamento são variações culturais ligadas a épocas e regiões.

Outros objetos de cerâmica encontrados com frequência são vasilhas, vasos e tigelas usados na preparação de alimentos e como recipientes para líquidos. Estão ligados à atividade doméstica cotidiana.

Os indígenas produziam também belos objetos de cerâmica, adornos de conchas e de pedras ou de penas, estes raramente encontrados nas escavações.

Alguns dos objetos de adorno eram usados em atividades sociais coletivas, festas e rituais, como é o caso do manto de penas mostrado na figura da página 24. Esse manto foi recolhido, em período mais recente, por pesquisadores europeus que estudaram os índios brasileiros.

Índios pescando, segundo ilustração contida no relato de Hans Staden.

Plantação de mandioca, segundo ilustração que aparece no relato de Hans Staden.

Mulheres indígenas preparando bebidas.

Cena de sepultamento.

Abaixo, manto de penas tupinambá; à direita, uma cerimônia onde ele era usado.

Urna funerária usada para enterrar os mortos.

Como os índios se movimentavam dentro do seu território?

Os índios não possuíam nenhum tipo de veículo terrestre e não utilizavam nenhum animal como meio de transporte. Movimentavam-se sempre a pé. Possuíam caminhos, chamados *peabirus*, que ligavam as regiões mais usualmente percorridas e foram usados pelos portugueses e espanhóis para penetrar no interior do continente americano.

O espanhol Cabeza de Vaca, por exemplo, entrou com sua expedição por Santa Catarina, em 1537, e, fazendo uso das trilhas indígenas, foi até Assunção, no Paraguai, onde se instalou como governador.

Os indígenas conheciam muito bem o seu território, o que foi de grande utilidade para os europeus. Somente a partir das suas informações é que os portugueses puderam confeccionar mapas do território recém-descoberto.

Além de caminhar muito, os índios eram bons navegadores e se deslocavam rapidamente por extensas regiões. Fabricavam canoas de grandes dimensões, que, segundo as informações dos relatos da época do contato, carregavam uma grande quantidade de guerreiros.

Barcos indígenas em batalha.

Assim, os índios chamados genericamente de tupis e guaranis eram os senhores de todo o litoral na época da chegada dos europeus. Os moradores mais antigos, cuja presença é evidenciada em sítios arqueológicos de toda a costa leste da América do Sul, já tinham sido por eles expulsos para o interior.

Os dados arqueológicos mostram que os tupis-guaranis tinham atingido esse modo de vida desde aproximadamente o ano 500 da nossa era — o que significa a sobrevivência dessa cultura por mil anos — até a chegada dos europeus.

A guerra constante entre as tribos e a inimizade entre os principais grupos foram aproveitadas pelos europeus. Assim, os portugueses ficaram amigos dos tupiniquins, que eram os grandes inimigos dos tamoios e dos tupinambás, os quais se tornaram aliados dos franceses, que tentavam invadir o domínio dos portugueses.

No sul do país aconteceu a mesma coisa: os grupos tupis se associaram aos portugueses, e os guaranis aos espanhóis.

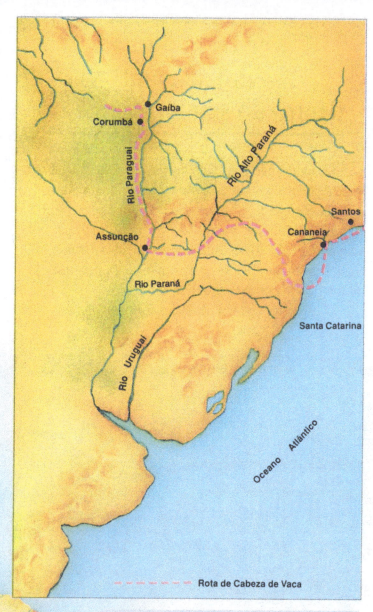

Mapa mostrando a rota de Cabeza de Vaca, da costa de Santa Catarina até Assunção.

Mapa mostrando a distribuição dos sítios arqueológicos dos grupos de filiação linguística tupi-guarani.

3. OS PORTUGUESES E O PRIMEIRO CONTATO COM O BRASIL

Em Portugal, as notícias sobre as novas terras causaram inicialmente um grande interesse. Mas, depois do primeiro momento de espanto ante a constatação da existência de um mundo novo, o interesse começou a diminuir.

Na verdade, a maioria das notícias referia-se à variedade de animais e de plantas, ao maravilhoso clima, às águas limpas e aos homens estranhos que aqui viviam.

Não se falava sobre ouro ou grandes riquezas, ou sobre cidades magníficas a serem conquistadas, como as que existiam na Ásia e no México.

Assim, Portugal continuou a organizar grandes expedições navais para o Oriente, cujas riquezas já eram conhecidas. Mas, com medo de que se descobrisse algo valioso aqui ou que outros povos se apoderassem da nova terra, os portugueses realizaram também expedições para cá, com o objetivo de conhecer e explorar melhor a terra descoberta.

> **"Os portugueses mantinham uma relação de amizade com várias tribos indígenas, e os primeiros contatos foram de cortesia e troca de presentes."**

Cópia da capa da primeira edição da carta de Américo Vespúcio publicada em Florença, em 1505.

Américo Vespúcio e instrumentos de navegação da época.

Uma das expedições mais importantes foi a realizada entre 1501 e 1502, comandada por Américo Vespúcio, um navegador italiano. Vespúcio foi enviado por D. Manuel, rei de Portugal, com a tarefa de percorrer os lugares visitados no ano anterior por Pedro Álvares Cabral e elaborar documentos contendo informações sobre as novas terras.

Américo Vespúcio é um personagem ainda misterioso, sobre o qual não se sabe muito. Mas, ao que parece, foi em razão de suas cartas, nas quais contava as maravilhas e as coisas exóticas vistas nas novas terras, que estas receberam o nome de *América*. Essas cartas tiveram grande repercussão na Europa, na ocasião, e eram lidas como hoje se lê um livro de aventura. A primeira edição de uma das principais cartas foi publicada na cidade de Florença, em 1505.

O pau e o Brasil

Nesse período o governo português não pensava ainda seriamente em colonizar o Brasil, isto é, na possibilidade de fixar moradores aqui.

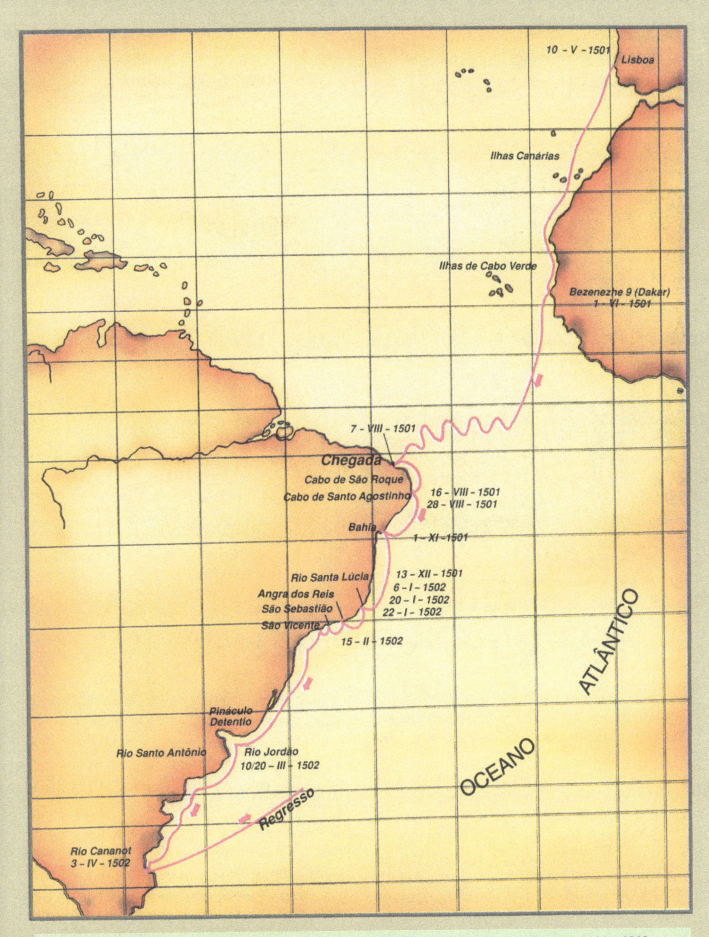

Mapa mostrando o caminho feito na terceira viagem de Américo Vespúcio, realizada entre 1501 e 1502.

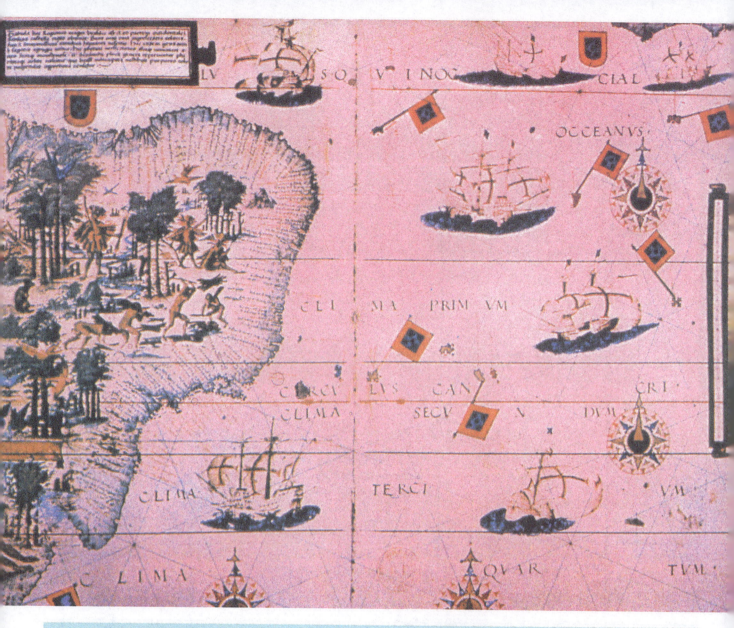

A derrubada do pau-brasil pelos indígenas, segundo ilustração contida na obra de André Thévet.

A colonização significaria a transferência de pessoas com espírito aventureiro, dispostas a deixar Portugal e a viver uma vida nova em uma terra desconhecida.

Para motivá-las, era necessário valorizar e divulgar a nova terra; daí a importância das primeiras expedições organizadas por Américo Vespúcio.

Pela leitura das cartas de Vespúcio fica-se sabendo que, em 1502, toda a costa brasileira já tinha sido reconhecida e demarcada pelos portugueses.

Alguns portugueses ficaram no Brasil e, em certos lugares do litoral, foram feitas construções para facilitar a atividade dos navios que vinham buscar produtos para serem vendidos na Europa, principalmente madeira e certos tipos de animais. Essas construções foram chamadas de *feitorias*.

Entre os produtos naturais encontrados aqui, as madeiras para tintura foram as mais importantes comercialmente. As tintas extraídas das madeiras eram usadas nas fábricas de tecidos e, como tinham grande procura, eram vendidas facilmente. Mesmo assim, seu valor não se comparava ao de produtos levados das Índias para a Europa.

A árvore que dava a tinta vermelha, tão procurada, chamou-se pau-brasil, em razão da cor de brasa da sua madeira, e foi ela que deu o nome que hoje tem o nosso país.

O escambo

Além do pau-brasil, também eram procurados araras, papagaios e vários outros animais estranhos para os europeus. Os navegadores precisavam também de alimentos para abastecer os navios, pois faziam uma viagem muito demorada para atravessar o oceano Atlântico e não podiam trazer toda a comida necessária para uma longa permanência.

Assim, dependiam dos indígenas não só para a retirada do pau-brasil, que iriam vender na Europa, como também para lhes fornecer os alimentos de que precisavam durante o tempo que ficavam aqui e na viagem de volta.

Os portugueses mantinham uma relação de amizade com várias tribos indígenas, e os primeiros contatos foram de cortesia e troca de presentes.

Como os índios não usavam dinheiro, recebiam dos europeus objetos de que gostavam, em retribuição ao serviço de coleta e fornecimento de outros produtos.

Esse tipo de comércio feito com base em troca é denominado *escambo*.

Como exemplo desse comércio, apresentamos a seguir uma lista feita por um capitão chamado Goneville, que veio para o Brasil em 1504. Nela são mencionadas as mercadorias de permuta destinadas aos indígenas:

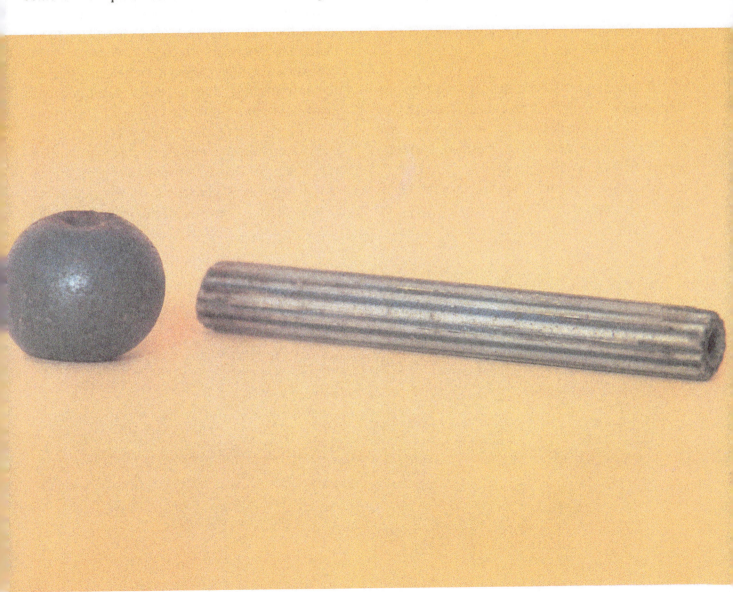

Contas de origem europeia encontradas em uma antiga aldeia. (Sítio Mineração, Iguape, SP.)

Mercadorias de permuta

Enquanto a mercadorias, o navio foi carregado:
De pannos de diversas qualidades, 300 peças
De machados, pás, foices, ancinhos, total 4 milheiros
2 000 pentes de várias qualidades
50 dúzias de espelhos pequenos
6 quintaes de missanga de vidro
8 ditos de quincalharias de Roven
20 grozas de facas e navalhas
1 fardo de alfinetes e agulhas
20 peças de droguete
30 ditas de fustão
4 ditas de veludo pintado e algumas de veludo dourado.

É interessante observar que algumas medidas, como a grosa (12 dúzias) e o quintal (4 arrobas, ou 58,7 kg), são diferentes das que usamos hoje e que algumas palavras, como *pano*, *miçanga*, aparecem escritas de maneira diferente da atual.

Os produtos listados não existiam entre os índios, claro, pois eram feitos com o emprego de equipamentos mecânicos ou de materiais que eles não sabiam fabricar, como os metais e o vidro.

Os tecidos e os objetos feitos de madeira, pelo fato de apodrecerem com o tempo, não podem ser encontrados hoje pelos arqueólogos. Mas as contas de vidro e os restos das peças de metal podem estar presentes nas escavações de antigas aldeias indígenas. Esses achados provam que os índios que viviam aqui trocaram mercadorias com os europeus que visitaram a costa brasileira.

Veja os exemplos das ilustrações.

A faca foi localizada numa antiga urna funerária indígena. Isso indica que, além de ter pertencido ao morto, por estar junto a seu corpo, tinha grande valor. Observa-se um desgaste do metal devido ao contato com o ambiente; no lado cortante há sinal de desgaste, resultante da tentativa de afiar a lâmina. Como os índios não conheciam a tecnologia do metal, tentavam afiar a peça da mesma maneira como afiavam seus instrumentos de pedra, isto é, fazendo pequenas ranhuras em forma de dentes.

Grande quantidade de restos metálicos são encontrados ainda hoje nos lugares onde se localizavam as antigas aldeias. A maioria das peças metálicas encontradas está muito enferrujada e quase não se pode dizer que tipo de objetos eram, mas, pelos

Lâmina de metal encontrada em uma antiga aldeia, junto de uma pessoa enterrada dentro de um pote de cerâmica.

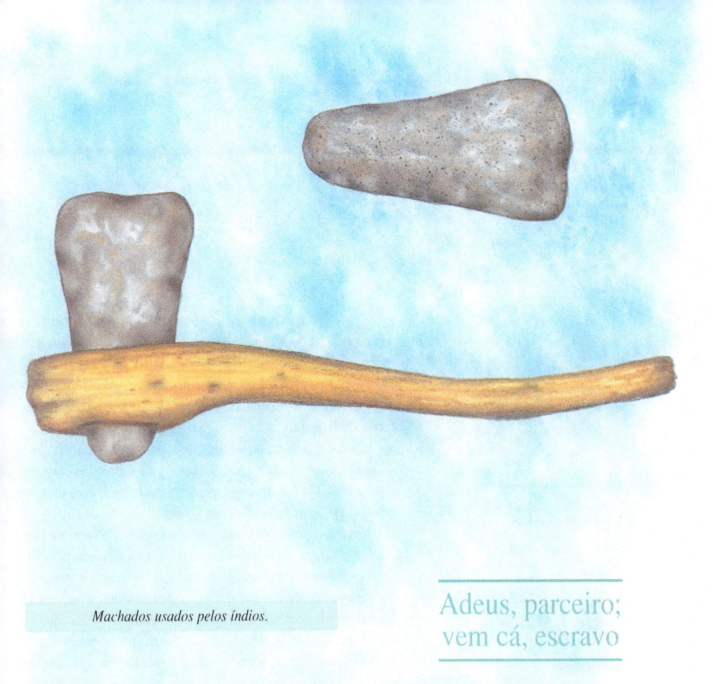

Machados usados pelos índios.

Adeus, parceiro; vem cá, escravo

locais onde têm sido encontrados, sabe-se de sua importância e grande aceitação. Podemos avaliar o sucesso causado pelos machados de metal entre homens que só conheciam machados de pedra, os quais, por mais eficientes que fossem, não poderiam ser comparados com os de metal.

A fabricação de um machado de pedra era muito lenta e trabalhosa. A possibilidade de substituí-lo por um machado já pronto, mais resistente e afiado, foi bem aceita. Certos produtos sem utilidade prática eram valorizados apenas pela novidade que representavam em si, o que é compreensível, pois ainda hoje nos encantam coisas inúteis feitas em outros países.

Nos primeiros encontros, a relação entre portugueses e índios era amistosa e baseada no interesse pela troca de mercadorias. As mercadorias europeias eram dadas como forma de pagamento pelo trabalho indígena. Cortar e carregar a madeira até os navios valia um chapéu, uma camisa ou uma ferramenta.

A relação entre as duas culturas começou a mudar a partir do momento em que aumentou o interesse europeu pela exploração do pau-brasil e houve necessidade de mais trabalho indígena. Os índios, que antes se ofereciam para buscar madeira e se divertiam com a troca de mercadorias, passaram a ser obrigados pela força a realizar aquela tarefa.

4.
A COLONIZAÇÃO
E A CONQUISTA DO ESPAÇO

> **"Nesse momento ocorre uma mudança radical na relação entre portugueses e índios."**

Além dos portugueses, outros povos também navegavam ao longo da costa brasileira, atraídos pelo comércio de pau-brasil. Os franceses, que eram os mais numerosos, navegavam livremente, negando-se a reconhecer o domínio de Portugal sobre as terras do Brasil.

Como dissemos, os portugueses construíram feitorias, nas quais a madeira e outros produtos eram guardados até a chegada dos navios. Os feitores, que permaneciam aqui, negociavam com os índios as mercadorias a serem embarcadas.

Os franceses não tinham esse apoio. Por isso, os marinheiros faziam as trocas diretamente com os índios, o que possibilitou o desenvolvimento de uma relação diferente entre eles. Procuraram conhecer e assimilar os hábitos indígenas, tendo feito amizade com vários grupos, principalmente com aqueles que eram inimigos dos portugueses. Tornaram-se grandes aliados dos tupinambás, nome dos índios que habitavam a região onde hoje é o Rio de Janeiro.

O rei de Portugal, que, em 1530, era D. João III, começou a ficar preocupado com as repetidas visitas dos franceses, que agiam como se fossem donos da terra. Assim, levado pela preocupação de garantir o seu domínio, o governo português começou a mudar de atitude. Houve, então, a decisão de iniciar a colonização do Brasil, com a criação de povoados e vilas, além da construção de engenhos e fortes. Dessa vez, o objetivo era se estabelecer definitivamente e não apenas frequentar a costa para trocar mercadorias.

Para fazer isso de forma mais rápida, o rei dividiu a terra do Brasil em grandes territórios, a serem doados a homens da nobreza de Portugal que tivessem espírito de aventura, dinheiro e disposição para construir uma vida nova.

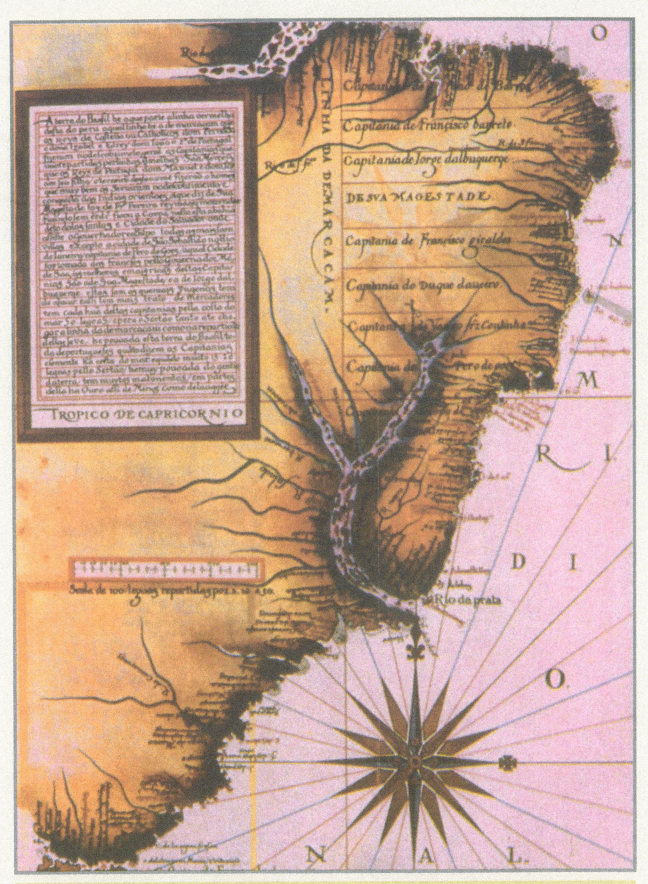

Mapa do século XVI mostrando a distribuição dos lotes que foram chamadas de capitanias hereditárias. Compare-o com o mapa da página 26 e perceba a diferença na precisão das localizações entre a cartografia daquela época e a de hoje. Note que a divisão feita pelos portugueses não respeitou as nações indígenas.

Repartir e dominar

Essa divisão de terra foi feita ignorando-se as nações indígenas existentes em toda a extensão da costa brasileira. As grandes faixas de território se estendiam para o interior, ainda desconhecido dos portugueses. Foi um loteamento realizado a partir do litoral, sem considerar os habitantes nativos.

Nesse momento ocorreu uma mudança radical na relação entre portugueses e índios, pois a terra passou a ser objeto de disputa e o trabalho indígena tornou-se obrigatório.

Esse processo de mudança foi se intensificando conforme o grau de contato entre as duas culturas. Houve, assim, em um primeiro momento, a troca de mercadorias de baixo valor por madeira e outros produtos. Depois, as mesmas mercadorias passaram a ser dadas em pagamento ao trabalho realizado pelos índios, que foi se tornando cada vez mais intenso. E,

Mapa do Rio de Janeiro no século XVI.

finalmente, o trabalho indígena passou a ser obrigatório, já que necessário para a manutenção dos portugueses na nova terra. Essa mudança significou a substituição do escambo pela escravidão.

Os índios fugiram então para o interior, deixando suas antigas casas, para escapar dos trabalhos forçados e da situação de escravidão. Para se defenderem, começaram a atacar vilas e povoados. Passaram a ter com os portugueses uma relação de guerra, que tinha como objetivo a defesa do território.

Os padres jesuítas, que tinham vindo para ajudar na criação de vilas, procuraram apaziguar os ânimos entre os índios. Conseguiram salvar da escravidão muitos daqueles que eram amigos dos portugueses, agrupando-os em aldeamentos, nos quais eram mantidos sob controle e educados segundo valores europeus. Mas os rebeldes podiam ser capturados, mediante o que os portugueses consideravam como *guerra justa*.

A França Antártica

Enquanto os portugueses continuavam a se estabelecer ao longo da costa e começavam a entrar para o interior, os franceses aumentavam suas relações comerciais com os indígenas.

Em 1555, o almirante Coligny organizou uma esquadra para vir à baía de Guanabara e, sob a chefia de Villegagnon, construir uma colônia francesa: a França Antártica. Foi a primeira tentativa dos franceses de ocupar parte do território brasileiro.

A história dessa ocupação e da relação dos franceses com os índios foi relatada por dois cronistas: André Thévet e Jean de Léry. Em suas obras, eles dedicaram-se basicamente a descrever os costumes e as particularidades dos indígenas, além das singularidades da flora e da fauna. Os relatos feitos são de grande importância, pois representam o depoimento de homens que permaneceram por mais de um ano entre os primitivos habitantes do Rio de Janeiro.

Os franceses conseguiram se manter na baía de Guanabara por cinco anos, até a destruição do forte de Coligny, em 1560, pelos portugueses. Vencidos, foram expulsos juntamente com os índios aliados a eles. No local foi fundada a cidade do Rio de Janeiro, em 1565, para garantir a posse da região para Portugal. As lutas, entretanto, continuaram a ocorrer até 1567.

A destruição cultural

Os índios mantiveram diferentes tipos de contato com os europeus, mas todos, no final, resultaram na destruição da sua cultura e na perda da sua terra.

Os portugueses se consideravam senhores da terra e achavam natural tomar posse não apenas dela, mas também dos seus habitantes, usando-os como escravos.

Os franceses só se tornaram fortes aliados dos tupinambás, que habitavam a região do Rio de Janeiro, por necessitarem da amizade deles para permanecerem aqui. Se não houvessem sido expulsos, teriam também que disputar com os índios a posse da terra.

Os primeiros padres jesuítas que vieram para o Brasil tinham como objetivo principal a conversão dos índios ao catolicismo. Por um lado, tentaram protegê-los dos maus-tratos físicos; mas, por outro, ao educá-los segundo os princípios cristãos, destruíram a sua cultura. A conversão segundo as regras usadas pelos jesuítas não foi fácil como se supôs de início. Os padres acharam que a dificuldade devia-se ao fato de os índios não terem qualquer noção de Deus. Anchieta chegou mesmo a propor o uso da força contra os "gentios", isto é, a gente dessa terra:

Parece-nos agora que estão as portas abertas nesta Capitania para a conversão dos gentios, se Deus Nosso Senhor quiser dar maneira com que sejam postos debaixo do jugo, porque para este gênero não há melhor pregação do que espada e vara de ferro...

Resumindo, podemos dizer que os indígenas foram alvo tanto da conquista física, em razão da necessidade do trabalho e da posse da terra, como da conquista espiritual, empreendida em nome da fé cristã.

5. A QUESTÃO DO OUTRO: O ETNOCENTRISMO E A DESTRUIÇÃO DA POPULAÇÃO INDÍGENA

> **"Aos europeus pouco importava que aqueles que chamaram de índios fossem os primeiros ocupantes do lugar."**

Pessoas e situações diferentes daquelas que conhecemos devem ser encaradas e analisadas de acordo com os valores da cultura à qual pertencem. Se, ao contrário, a avaliação for feita do ponto de vista de quem analisa, há o que se chama *etnocentrismo*, que significa julgamento feito a partir dos valores de uma única cultura, a do próprio observador. Nesse caso, determinada cultura é considerada melhor ou pior em comparação ao que é familiar e considerado normal.

A descoberta de povos até então desconhecidos provocou um grande choque nos europeus, que tinham uma explicação para a origem da humanidade baseada nas informações contidas na Bíblia. A história sagrada ensinava que todos os homens, plantas e animais, criados por um único Deus, tinham passado pelo Dilúvio. As populações da Terra seriam, então, descendentes das espécies que sobreviveram na Arca de Noé.

O encontro de povos novos abalou essa crença. Os europeus ficaram sem saber qual o lugar ocupado pelos índios na humanidade e se eles tinham alma ou não. Na verdade, desde o primeiro encontro, as populações que viviam nas terras americanas não foram sequer consideradas como integrantes da humanidade.

A conquista da terra incluía a posse de tudo o que ela continha, até mesmo os habitantes. Aos europeus pouco importava que aqueles que chamaram de índios fossem os primeiros ocupantes do lugar.

Da mesma maneira que enviavam para a Europa papagaios e outros produtos, mandavam também índios, como algo pitoresco a ser conhecido. Cinquenta índios tupinambás, por exemplo, foram levados à cidade de Rouen, para uma homenagem aos reis da França. Nessa cidade, na qual se compravam muitos produtos do Brasil, os índios fizeram danças e representaram sua maneira de viver, num espetáculo exótico aos olhos da nobreza francesa, que se divertia.

Gravura do século XVI reproduz uma festa, ocorrida em 1550, na cidade francesa de Rouen. Índios trazidos do Brasil encenam uma batalha diante da corte do rei Henrique II.

Um choque entre culturas

O contato entre as culturas europeia e indígena resultou, ao longo do século XVI, na destruição não só da cultura, mas da própria população local.

A maioria dos índios que existem hoje são descendentes daqueles que viviam no interior, e só mais tarde entraram em contato com a população europeia, ou então daqueles que fugiram do litoral. A grande maioria pertence a culturas diferentes da tupi-guarani. Os que permaneceram em convívio com os portugueses foram destruídos ou convertidos à fé cristã. Ao serem obrigados a abandonar seus costumes, perderam a sua existência cultural enquanto povo.

Lendo as cartas dos jesuítas dirigidas aos seus superiores na Europa, podemos notar a preocupação que tinham em mudar os hábitos indígenas.

O padre Nóbrega, que veio com o primeiro governador-geral do Brasil, Tomé de Sousa, diz:

A lei que lhes hão de dar é defender-lhes de comer carne humana e guerrear sem licença do governador, fazer-lhes ter uma só mulher, vestirem-se, pois têm muito algodão, ao menos depois de cristãos, tirar-lhes os feiticeiros, mantê-los em justiça entre si e para com os cristãos; fazê-los viver quietos sem se mudarem para outra parte, se não for para entre os cristãos; tendo terras que lhes bastem e com estes padres da Companhia para os doutrinar.

É claro que o padre Nóbrega acreditava estar fazendo o melhor para os índios, trazendo-lhes aquilo que considerava ideal para qualquer povo. Mas todos os hábitos mencionados na carta faziam parte da cultura indígena e, portanto, a mudança deles significaria a destruição do seu modo de vida e da sua identidade enquanto povo.

Para entender melhor essa situação, imagine se, de repente, sofrêssemos invasão de outros povos e tivéssemos que aprender a falar outra língua, abandonar certos costumes, como jogar futebol ou dançar no Carnaval, para fazer coisas que não tivessem nenhum significado e que nenhum brasileiro compreendesse.

Os europeus dessa época julgavam tudo a partir do que eles sabiam e consideravam certo. Aliás, alguns estudiosos de história da América preferem chamar esse encontro de *choque entre culturas*. Choques como esse ocorreram em outras regiões da América, levando à destruição das grandes civilizações existentes nos Andes e no México.

As resistências

É importante notar que houve reação por parte dos indígenas. Assim que passou o momento de surpresa ante a chegada daqueles homens diferentes que vinham do mar e logo que os índios perceberam a intenção de dominar dos europeus, a resistência começou a se dar.

A união de tribos em confederações para guerrear contra os europeus e o ataque constante aos estabelecimentos portugueses foram fatos habituais daquele período. Entretanto, não foram suficientes para impedir a conquista, pois os portugueses eram mais numerosos e unidos em torno de um único governo, além de contarem com armas poderosas.

No Brasil, os conhecimentos indígenas, tão úteis aos europeus durante o primeiro contato, não foram valorizados durante a colonização, período em que os nativos eram vistos apenas como seres ignorantes e infiéis. Também são pouco reconhecidos na atualidade os hábitos e costumes indígenas que foram incorporados a nossa cultura, como, por exemplo, a forma de plantar e preparar certos alimentos.

Desde o início algumas pessoas se mostraram preocupadas com a crueldade a que os índios eram submetidos e com os seus direitos. Muita coisa mudou até os nossos dias em relação aos direitos indígenas. Mas essa é uma luta que continua, pois ainda hoje as tribos sobreviventes continuam envolvidas em questões de posse da terra e das riquezas nela contidas.

A dificuldade de olhar o diferente continua existindo até hoje. A referência para avaliar o outro tende a ser o que nós somos. Conhecer os usos e os costumes de vários povos, comparar uns com os outros pode nos ajudar a entender que as culturas não devem ser julgadas melhores ou piores, mas que, apenas, elas são *diferentes*.

A grande aventura que se pode viver através da história é perceber a diversidade cultural existente no mundo.

Gravura de Debret, feita no século XIX, mostrando o choque entre uma milícia portuguesa e índios.

CRONOLOGIA

1492 Chegada de Cristóvão Colombo à América.
1500 Chegada de Pedro Álvares Cabral ao Brasil.
1501 Expedição de Américo Vespúcio.
1502 Instalação das primeiras feitorias.
1529 Expedição de Martim Afonso de Sousa.
1532 Fundação da vila de São Vicente.
1534 Implantação do regime das capitanias hereditárias.
1549 Chegada da primeira missão jesuítica.
1553 Aumento dos conflitos entre índios e brancos.
1555 Invasão dos franceses.
1560 Expulsão dos franceses do Rio de Janeiro.

Esse combate entre portugueses e índios, ocorrido em 1547, no litoral de Pernambuco, foi narrado por Hans Staden.

PARA SABER MAIS

Procure ler:

CABEZA DE VACA. *Naufrágios e comentários*. Porto Alegre, L&PM, 1987. (Série Os Conquistadores, v. 3.)

Na segunda parte da obra, denominada Comentários, é relatada a viagem feita a pé do litoral de Santa Catarina até Assunção, no Paraguai. Através dessa leitura pode-se conhecer um pouco sobre o conhecimento e hábitos dos indígenas e a relação destes com os espanhóis.

COLOMBO, Cristóvão. *Diários da descoberta da América*. Porto Alegre, L&PM, 1984. (Série Visão do Paraíso, v. 1.)

Neste livro aparecem as impressões de Colombo ao entrar em contato com a nova terra e novos povos.

MARCO POLO. *O livro das maravilhas*. Porto Alegre, L&PM, 1985. (Série Visão do Paraíso, v. 3.)

Neste livro são narradas as aventuras de Marco Polo e o relato de riquezas e situações exóticas encontradas no Oriente. O relato dessas viagens encantou a Europa e influenciou os homens que se aventuraram a sair em busca de novos mundos.

OLIVIA DE COLL, Josefina. *A resistência indígena*. Porto Alegre, L&PM, 1986. (Série Visão dos Vencidos, v. 3.)

A autora comenta a resistência desenvolvida pelos indígenas em toda a América, inclusive no Brasil, que aconteceu assim que passou o encanto e o susto do primeiro encontro.

TODOROV, Tzvetan. *A conquista da América — A questão do outro*. São Paulo, Martins Fontes, 1983.

O autor trata da dificuldade de aceitar o outro, usando como exemplo a conquista da América.

Procure assistir:

Como era gostoso o meu Francês. Filme de Nélson Pereira dos Santos, 1972.

1492 — A conquista do paraíso. Filme de Ridley Scott, 1992.

BIBLIOGRAFIA

BUARQUE DE HOLANDA, Sérgio (org.). *A época colonial*. Rio de Janeiro, Difel, 1976. (Col. História Geral da Civilização Brasileira.)

CASTRO, Silvio. *A carta de Pero Vaz de Caminha*. Porto Alegre, L&PM, 1985.

LÉRY, Jean de. (1555) *Viagem à terra do Brasil*. São Paulo/Belo Horizonte, Itatiaia/Edusp, 1980.

LOPES DE SOUSA, Pero. *(1530) Diário da navegação*. São Paulo, Obelisco, 1964.

PAULINO DE ALMEIDA, Antonio. *Memória histórica sobre Cananeia*. São Paulo, 1966. v. 2.

PEIXOTO, Afrânio (org.). *Cartas avulsas II (1550-1568)*. (Col. Cartas Jesuíticas.) Rio de Janeiro.

SALETE NEME & MARIA CONCEIÇÃO BELTRÃO. 'Tupinambá, franceses e portugueses no Rio de Janeiro'. *Revista de Arqueologia*, n.° 7, São Paulo.

SCATAMACCHIA, M. Cristina Mineiro & Dorath Pinto Uchoa. 'O contato euro-indígena visto através de sítios arqueológicos do Estado de São Paulo'. *Revista de Arqueologia*, n.° 7, São Paulo.

STADEN, Hans. (1555) *Duas viagens ao Brasil*. São Paulo/Belo Horizonte, Itatiaia/Edusp, 1974.

THÉVET, André. (1555) *As singularidades da França Antártica*. São Paulo/Belo Horizonte, Itatiaia/Edusp, 1978.

VESPÚCIO, Américo. (1501/1502) *Novo Mundo*. Porto Alegre, L&PM, 1984. (Série Visão do Paraíso, vol. 2.)

Copyright © Maria Cristina Mineiro Scatamacchia, 1994.
SARAIVA Educação S.A.
Avenida das Nações Unidas, 7.221 — Pinheiros
CEP 05425-902 — São Paulo — SP
www.coletivoleitor.com.br
Tel.: (0XX11) 4003-3061
atendimento@aticascipione.com.br
Todos os direitos reservados.

Dados Internacionais de Catalogação na Publicação (CIP)

Scatamacchia, Maria Cristina M.
   O encontro entre culturas/Maria Cristina Mineiro Scatamacchia ; ilustrações Paulo Manzi ; | mapas Sônia Vaz | ; coordenadoras Marly Rodrigues, Maria Helena Simões Paes. — São Paulo : Atual, 2009. — (Coleção A Vida no Tempo)

   Inclui roteiro de leitura.
   ISBN 978-85-7056-627-0

   1. Brasil — Colonização 2. Índios da América do Sul — Brasil — Assimilação cultural 3. Índios da América do Sul — Brasil — Influências portuguesas 4. Índios — Tratamento recebido — Brasil — História I. Rodrigues, Marly. II. Paes, Maria Helena Simões. III. Título. IV. Série.

CDD-980.41

Índices para catálogo sistemático:

1. Índios : Relações com portugueses : Brasil : História   980.41
2. Portugueses : Relações com índios : Brasil : História   980.41

Série A Vida no Tempo

Editor: Wilson R. Gambeta
Assistente editorial: Rita Feital
Preparação de texto: Noé G. Ribeiro/Célia Tavares
Gerente de produção editorial: Cláudio Espósito Godoy
Revisão: Pedro Cunha Jr. e Lilian Semenichin (coords.)/Veridiana Cunha
Alice Kobayashi/Magna Reimberg Teobaldo
Editoração eletrônica: Silvia Regina E. Almeida/Virgínia S. Araújo
Chefe de arte: Tania Ferreira de Abreu
Diagramação: Marcos Puntel de Oliveira
Assistentes de arte: Alexandre L. Santos/Ricardo Yorio
Produção gráfica: Antonio Cabello Q. Filho
José Rogerio L. de Simone/Marcos Paulo de Silva
Projeto gráfico: Luís Díaz (capa)
Tania Ferreira de Abreu (miolo)
Capa: GAMMA/Keystone
Mapas: Sônia Vaz
Fotolito: Margraf
Composição: Graphbox
Impressão e acabamento: Log&Print Gráfica, Dados Variáveis e Logística S.A.
10ª tiragem, 2023

Todas as citações de textos contidas neste livro estão de acordo com a legislação, tendo por fim único e exclusivo o ensino. Caso exista algum texto a respeito do qual seja necessária a inclusão de informação adicional, ficamos à disposição para o contato pertinente. Do mesmo modo, fizemos todos os esforços para identificar e localizar os titulares dos direitos sobre as imagens publicadas e estamos à disposição para suprir eventual omissão de crédito em futuras edições.

CL: 810447
CAE: 602623

O ENCONTRO ENTRE CULTURAS
Maria Cristina Mineiro Scatamacchia

UMA PROPOSTA DE TRABALHO

A VIDA
NO TEMPO
do índio

NOME: _____

ESCOLA: _____ ANO: _____

Você deve ter aprendido bastante sobre o encontro entre europeus e indígenas. A travessia do Atlântico pelos portugueses possibilitou o contato com uma nova terra, diferente da Europa e com pessoas de costumes nunca vistos. A dificuldade de entender as diferenças entre os povos causou a destruição dos primitivos habitantes não só do Brasil, mas de toda a América. Fazendo os exercícios abaixo você vai relembrar e fixar o que leu. Bom trabalho!

---

1. Analise os mapas da figura 1 do livro. Perceba as diferenças entre o mapa concebido no século XV e o atual. Explique o motivo dessas diferenças.

_____
_____
_____
_____
_____
_____
_____
_____
_____
_____
_____
_____
_____
_____
_____
_____
_____
_____
_____

2. Examine as figuras abaixo. Observe as diferenças entre a aparência de um europeu e a de um índio. Como você explicaria essas diferenças?

_____
_____
_____
_____
_____
_____
_____
_____
_____

3. Qual é o primeiro documento escrito sobre o Brasil? Quem o escreveu? Quais os aspectos que mais chamaram a atenção desse autor ao conhecer os índios?

4. O que faz um arqueólogo? Com que tipo de objetos da cultura indígena os arqueólogos lidam em suas pesquisas, aqui no Brasil?

5. Entre os muitos objetos da cultura material indígena que os arqueólogos encontraram em suas escavações, você conheceu o *tembetá*. Explique o que era esse objeto e qual a função social que os índios lhe atribuíam.

6. Você aprendeu que a forma como as sociedades europeias estavam organizadas era bem diferente da indígena. Explique como os índios estavam organizados.

7. O que é antropofagia? Observe abaixo duas imagens que se referem a essa prática e descreva as cenas narradas nessas gravuras do século XVI.

8. Cite as diversas formas de os índios obterem alimentos.

9. Você já sabe que os índios faziam grandes vasilhas de cerâmica e podiam dar a elas duas finalidades completamente distintas. Descreva-as.

10. Como os índios se movimentavam dentro do seu território? De que forma isso favoreceu os colonizadores portugueses e espanhóis?

11. Com que finalidade o navegador italiano Américo Vespúcio veio para o Brasil?

12. Qual o produto mais procurado pelos europeus no Brasil? Para que servia?

13. Como foi o primeiro contato entre portugueses e índios?

14. Explique o que era o *escambo* e quais as vantagens que portugueses e índios obtinham através dele.

15. Quando começou a mudar a relação entre as duas culturas?

16. Além dos portugueses, que outros povos entraram em contato com os índios no atual litoral brasileiro?

17. Qual foi a colônia francesa fundada no Brasil, no século XVI? Onde se localizava? Que tipo de documentação existe sobre ela?

18. Que importância os índios e os portugueses atribuíam à posse da terra? Como a colonização européia afetou a relação das sociedades tribais com seus territórios?

19. Que tipo de relação se estabeleceu entre os padres jesuítas e os índios? Quais as consequências desse contato?

20. Agora que você aproveitou bem toda a leitura, é capaz de explicar o significado da palavra etnocentrismo?